LA GRÈCE

ET LA

QUESTION DES 30,000 FUSILS

HISTORIQUE ET NOTES

D'APRÈS DES DOCUMENTS ORIGINAUX

PAR

Émile QUÉTAND

« οὐδεὶς ἀναμάρτητος εἰμὴ μόνον ὁ Θέος. »

PARIS

MARCHAL, BILLARD et Ce

LIBRAIRES DE LA COUR DE CASSATION

Place Dauphine, 27

LIBRAIRIE GÉNÉRALE

DÉPÔT CENTRAL DES ÉDITEURS

Boulèvard Haussmann, 72

1881

LA GRÈCE

ET LA

QUESTION DES 30,000 FUSILS

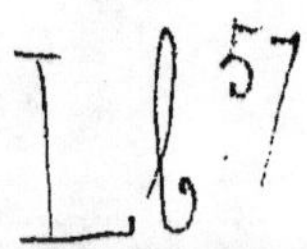

Paris. — Imprimerie de L. BAUDOIN et Cᵉ, rue Christine, 2.

LA GRÈCE

ET LA

QUESTION DES 30,000 FUSILS

HISTORIQUE ET NOTES

D'APRÈS DES DOCUMENTS ORIGINAUX

PAR

Émile QUÉTAND

« οὐδεὶς ἀναμάρτητος εἰμὴ μόνον ὁ Θεός. »

PARIS

| MARCHAL, BILLARD et Co | LIBRAIRIE GÉNÉRALE |

LIBRAIRES DE LA COUR DE CASSATION | DÉPÔT CENTRAL DES ÉDITEURS

Place Dauphine, 27 | Boulevard Haussmann, 72

1881

LA GRÈCE

ET LA

QUESTION DES 30,000 FUSILS

La France tout entière s'est émue à la pensée que des armes et des munitions avaient pu être promises ou livrées au gouvernement hellénique, et trois interpellations (1) ont eu lieu, tant au Corps législatif qu'au Sénat. Tel est le véritable indice des dispositions pacifiques du peuple français, qui, tout soucieux qu'il soit de sa dignité, ne veut la guerre à aucun prix, et comprend qu'une guerre serait actuellement sans cause et injuste.

Domat n'a-t-il pas écrit, dans un ouvrage qui est resté l'un des monuments de la science du droit français : « l'usage des forces qui regarde le dehors d'un État con- « siste à le défendre contre les entreprises des étrangers, « les prévenant avant qu'elles éclatent, et à résister à celles « qu'on n'a pu prévoir (2) ? »

Chose singulière à noter, il faut maintenant lire le *Blue Book* pour savoir ce qui se passe en France. C'est, en effet, le *Livre bleu anglais* qui a révélé la vente des 30,000 fusils au gouvernement hellénique.

---

(1) Voir le *Journal officiel* des 23, 24 février et 6 mars 1881, n⁰ˢ 53, 55, 64.
(2) Domat, *Droit public*, t. I, tit. IV, sect. ii, page 22.

Nous nous proposons, à notre tour, de parler ici des clauses d'un traité passé avec d'autres maisons de commerce que la maison Roth, de Vienne, et la maison Helbronner et Cie, de Paris. Ce sera aussi une révélation même pour les Chambres françaises.

Le lecteur comparera les diverses situations, et jugera, sans parti pris, les faits exposés dans ce court aperçu, après avoir lu les pièces et documents que nous avons cru devoir publier, à l'appui des faits cités dans ce travail. A notre avis, la publication de documents est souvent plus profitable que mille discours (1).

Au mois de janvier 1881, un traité, pour des fournitures d'armes et de munitions hors modèle, provenant de l'armée française, était conclu, entre MM. Pascalis et Rhodostamos d'une part, et MM. Fauré Le Page et Smeets, fabricants d'armes, d'autre part. Cette convention sous seings privés, en date du 16 janvier, et enregistrée le 10 février suivant, avait pour but de régler les conditions de ces fournitures, qui devaient être stipulées, à nouveau, dans un délai déterminé, dans un second traité, qui fut effectivement passé, le 27 janvier, entre la Commission hellénique, résidant à Paris, et MM. Fauré Le Page et Smeets (2).

On n'a jamais pu savoir comment ni pourquoi les fabricants d'armes, Fauré Le Page et Smeets, ne tinrent pas leurs engagements et rompirent leurs deux traités des 16 et 27 janvier, sans même leur avoir donné un commencement d'exécution.

Comment se fait-il que ces traités n'aient pas été connus du gouvernement français, puisque MM. Fauré Le Page et Smeets ont télégraphié, le 29 janvier, à 10 heures 30 minutes du matin (3), aux présidents des diverses commissions militaires instituées pour la vente des armes et des munitions

---

(1) Voir les pièces et documents, pages 13 et suivantes.
(2) Voir les documents n°s 1 et 2, pages 13, 15 et suiv.
(3) Voir Document n° 4.

hors modèle, aux termes de l'instruction, pour l'exécution du décret du 14 novembre 1872 (1), et conformément aux dispositions énoncées dans le cahier des charges du 6 juillet 1875 (2)?

Ou le décret du 14 novembre 1872 est encore en vigueur, et le ministère de la guerre avait le droit d'aliéner les armes et les munitions hors modèle, onéreuses et inutiles à conserver, et alors il a bien fait de les mettre en vente, et il a eu le droit d'en autoriser l'exportation ;

Ou le décret n'est plus en vigueur, et alors cette exportation était défendue, et le gouvernement devait empêcher, par tous les moyens en son pouvoir, la sortie de ces armes et munitions, s'il connaissait bien leur *véritable destination.*

Dans le premier cas, aucune saisie de ces armes et munitions ne pouvait avoir lieu sous aucun prétexte ; dans le second cas, la saisie était-elle obligatoire au point de vue du *droit des gens?*

Il suffit de poser la question ; le cadre de ce travail ne permet pas d'y donner un développement.

Mais est-il vrai de dire que jamais le gouvernement n'ait su que des armes et des munitions hors modèle devaient être livrées au gouvernement hellénique?

ASSURÉMENT NON.

MM. Fauré Le Page et Smeets ont dû être avertis, officiellement, par des télégrammes ou des lettres, des réponses des diverses commissions, à leurs demandes d'acquisition d'armes et de munitions ; car, de son côté, M. Rhodostamos a reçu des lettres, à ce sujet, de Douai et de Grenoble. *Le nom de M. Rhodostamos est assez significatif pour que le gouvernement français n'ait pu se méprendre sur les intentions du gouvernement hellénique de se rendre acquéreur d'armes et de munitions, par l'entremise de négociants français, traitant directement et en leur nom avec l'administration de la guerre.*

---

(1) Voir Document n° 3.
(2) Voir Document n° 6.
(3) Voir Document n° 5.

Comment donc M. le général Farre, après les saisies au Havre et à Dunkerque des marchandises expédiées par M. Helbronner, n'était-il pas au courant de ce qui s'était passé et n'a-t-il point eu connaissance des lettres adressées, par les Commissions de Douai et de Grenoble, à M. Rhodostamos, les 7 et 8 février, en réponse à ses lettres du 4 du même mois? Comment l'administration ne s'est-elle pas doutée, que la vente opérée, le 3 *février*, à *M. Helbronner et C*^{ie}, était véritablement pour le compte du gouvernement hellénique ?

Rappelons encore que le traité Pascalis et Rhodostamos avec Fauré Le Page et Smeets, en date, à Paris, du 16 janvier 1881, avait été enregistré, le 10 février, folio 42, case 1, par le receveur, qui avait perçu 3 fr. 75 c. décimes compris.

Une distinction a été faite, lors de la discussion à la Chambre, entre la livraison des fusils et la livraison de la poudre de guerre expédiée, disait-on, par *wagons* et en *barils*.

Les armes n'auraient pas dû être vendues à l'étranger ; la poudre de guerre pouvait, au contraire être *vendue* et *livrée* à l'étranger.

Personne n'a parlé à la tribune du droit de vente des cartouches de guerre ou *cartouches à balle*, utilisables pour les chassepots seuls de la fabrication de 1866. Et pourtant M. le Ministre de la guerre aurait dû, plus que personne, savoir que 10,000,000 de *cartouches à balle* avaient été *mises* en *vente* et *vendues*, puisque M. le colonel d'artillerie, président de la Commission, par une lettre du 7 février 1881, datée de Douai et signée en son nom, par M. le chef d'escadron Ravau, annonçait à M. *Rhodostamos*, en réponse à sa lettre du *4 février*, que la vente de ces cartouches avait été effectuée. — Quel en était l'acquéreur, ce n'était pas assurément dans les attributions d'un chef de service d'en indiquer le nom.

M. le colonel Pierre, directeur de l'artillerie à Grenoble, écrivait, le 8 février, que 7716 fusils avaient été aliénés le 3 du même mois et il ajoutait :

« Les autres renseignements demandés paraissent avoir
« un certain *caractère privé*, que je ne crois pas pouvoir vous
« donner. »

Et M. le Ministre de la guerre ignore ce qui s'est passé,
ne sait pas que des fusils et des munitions, ou *cartouches à
balle*, ont dû être expédiés en Grèce !

Trois jours avant la visite de M. Clémenceau, député
de la Seine, est-il possible qu'aucun de ces faits n'eût
été révélé au Ministre, et cependant il en a donné une
assurance nouvelle et publique en interrompant l'orateur,
pour confirmer cette assertion (1).

Le Ministre de la guerre devrait, à vrai dire, être mieux
ou aussi bien renseigné que ses collègues de la Chambre.

Revenons maintenant au traité passé entre MM. Pascalis
et Rhodostamos et MM. Fauré Le Page et Smeets ; ces derniers n'ayant pas rempli leurs engagements comme nous
l'avons dit plus haut, envers les représentants du gouvernement hellénique pour l'achat des armes et des munitions,
ces fournitures furent commandées à tort ou à raison à M.
Helbronner et Cie, sans que d'autres soumissionnaires eussent
la possibilité d'intervenir et d'offrir des conditions meil-
leures et plus sûres de l'exécution de ce marché.

M. Helbronner, prévoyant les grands bénéfices qui
devaient résulter pour lui d'une telle affaire, ne songeait
plus qu'à sa réalisation ; mais, comme la nature humaine né
peut atteindre la perfection et comme les hommes les plus
fins ou les mieux doués n'ont pas en eux-mêmes la faculté
de tout prévoir, il ne se préoccupa pas de s'assurer sans
retard des jours suffisants de staries (jours de l'embarquement et du débarquement) et de l'affrètement des steamers
destinés au transport des marchandises jusqu'au Pirée.

M. Helbronner avait acheté, suivant son traité, les *armes*
et les *cartouches* au gouvernement français et les avait expédiées au Havre, où elles arrivèrent trop longtemps avant le

---

(1) Voir Document n° 7. Discours de M. Clémenceau, député de la Seine, in-
terruption de M. le général Farre, ministre de la guerre.

*

steamer qui devait les prendre en charge pour pouvoir séjourner dans la gare. C'est alors que les autorités locales s'aperçurent de ce fait et que les wagons furent dirigés vers Dunkerque.

Dans l'intervalle, le gouvernement français, renseigné cette fois, paraît-il, sur la véritable destination de ce chargement, en ordonna la saisie immédiate. Ce fait a causé un grave préjudice au gouvernement qui attendait la livraison promise et qui avait commandé dans divers pays des armes et des munitions, dès l'année 1878, époque à laquelle M. Sapounsakis, attaché à la légation hellénique, à Paris, avait engagé avec les mandataires de MM. Berlingieri et Serra de Gênes, pour une fourniture du même genre, des pourparlers qui n'aboutirent à aucun résultat, ce qui, dit-on, n'est pas encore connu du gouvernement hellénique.

Il semble résulter de tout ceci que les gouvernements sont les derniers à connaître leurs propres affaires.

Quoi qu'il en soit, l'Europe veut la paix à tout prix et, par une contradiction singulière en apparence, l'Europe entière fait des armements. Pourquoi la Grèce serait-elle seule une exception dans ce concert unanime des peuples ? Nation peu nombreuse, mais sympathique, qui nous a témoigné son affection au milieu de nos désastres, pourquoi elle aussi ne se souviendrait-elle pas de l'adage antique « Si vis pacem, para bellum ? » et ne serait-elle pas prête à toute éventualité, s'il lui fallait défendre ses frontières.

La diplomatie l'a bien compris, les petits États sont le rempart des grands ; elle s'efforce donc de concilier la sublime Porte et la Grèce. Ne sommes-nous pas en présence de deux nations amies et le concours de nos ambassadeurs ne leur a-t-il pas été assuré dès l'origine des négociations ?

La France pouvait-elle oublier la Turquie, d'une part, son alliée de 1855, au moment où la mer Noire, aurait pu devenir de nouveau un lac russe, comme la Méditerranée est un lac français ?

La France pouvait-elle oublier aussi l'Acropole et cette

ville d'Athènes, qui donne l'hospitalité à l'Académie de France, comme la Ville Éternelle ?

En résumé, MM. Pascalis et Rhodostamos avaient donné tous leurs soins à la conclusion du marché avec MM. Fauré Le Page et Smeets ; ils avaient pris toutes les dispositions nécessaires pour assurer le transport de ces armes et munitions hors modèle et hors service qui auraient été expédiées au Pirée sans risques pour le gouvernement français, puisque le Cabinet reconnaît que des armes et munitions sont fabriquées en Autriche pour le compte du gouvernement hellénique sans que cela compromette en rien la sécurité de l'Autriche ou lui crée des difficultés à l'extérieur.

Quel est le Gouvernement qui, en temps de paix et sans aucune intention de s'engager dans une guerre prochaine, ne s'approvisionne d'armes et de munitions, d'équipements militaires, n'achète des chevaux et des mulets ?

Peut-on dire que ces faits constituent un *casus belli* ? Non ; mais la négligence de MM. Fauré Le Page et Smeets n'a pas seulement occasionné un préjudice grave à la nation hellénique et aux intermédiaires qui avaient conclu le marché, elle a encore été préjudiciable aux intérêts français, puisque M. Helbronner s'étant substitué dans les effets du marché, a laissé saisir par son imprévoyance armes et cartouches et a été la cause des plus vives discussions dans les deux Chambres de notre pays.

DOCUMENT N° 1

16 janvier 1881.

Contrat entre MM. Pascalis et Rhodostamos et MM. Fauré Le Page et Smeets.

L'an mil huit cent quatre-vingt-un le seize janvier.

Entre :

1° M. *Fauré Le Page*, et M. G. *Smeets* d'une part ;

2° M. *Constantin Pascalis*, et M. Pierre *Rhodostamos* d'autre part ;

Il a été convenu et arrêté ce qui suit :

Art. 1er. — MM. Pascalis et Rhodostamos ont été chargés par l'ambassadeur hellénique à Paris, M. le chevalier P. Braïlas Armeni, rue de l'Arcade, 16, de procéder sous ses ordres à l'achat pour le compte du gouvernement hellénique de cinquante mille fusils Chassepots environ avec leurs sabres baïonnettes moyennant un prix qui sera fixé plus tard avec la commission grecque actuellement à Paris, et après approbation du même ambassadeur.

Art. 2. — De leur côté, MM. Fauré Le Page et Smeets *s'engagent, à partir d'aujourdhui, à acheter*, soit au *gouvernement français*, soit à la *commission d'armement*, ou à se procurer *d'autres provenances*, lesdits fusils, avec leurs sabres baïonnettes, ainsi que les cartouches en telles quantités qui se trouveront disponibles ; à se charger des frais d'emballage, de camionnage et de transports par chemin de fer jusqu'à Marseille ; lesdites armes et munitions (*cartouches*), qui devront être consignées franco, à bord d'un navire à vapeur, ou d'un navire à voiles dans le vieux port de Marseille ou à la Joliette.

Art. 3. — De la différence entre le prix d'achat payé par eux au gouvernement français, soit à d'autres vendeurs pour les chassepots et les *cartouches* qui devront être en bon état, et le prix de vente contracté avec la même commission et agréé par l'ambassadeur hellénique, MM. Fauré Le Page et Smeets s'obligent à payer solidairement et au comptant à MM. Pascalis et Rhodostamos la moitié ou cinquante pour cent aussitôt les paiements effectués.

Les armes seront fournies selon les types remis à titre d'échantillons à la commission grecque qui nommera un contrôleur à ses frais lors de la prise de livraison.

Art. 4. — Et cette moitié du bénéfice total, (ou différence entre le prix d'achat et le prix de vente), déduction faite des frais spécifiés dans l'article huit, devra, au fur et à mesure des paiements effectués, être payée par MM. Fauré Le Page et Smeets, directement à M. Pascalis par moitié (ou vingt-cinq pour cent du bénéfice total) et directement à M. Rhodostamos par moitié aussi ou vingt-cinq pour cent du bénéfice total.

Art. 5. — Le prix de vente une fois fixé par contrat passé avec la commission hellénique et avec l'approbation de l'ambassadeur, MM. Fauré Le Page et Smeets, étant les vendeurs directs, resteront seuls chargés des démarches ultérieures nécessitées par ladite fourniture; MM. Pascalis et Rhodostamos entendent y rester tout à fait étrangers.

Si cependant ces derniers trouvaient à se procurer les frais et les caisses d'emballage à un prix inférieur au prix prévu, leurs offres devraient être acceptées par MM. Fauré Le Page et Smeets.

Art. 6. — Pour le même motif, MM. Pascalis et Rhodostamos auront le droit de prendre connaissance de tous les contrats et conventions consenties par MM. Fauré Le Page et Smeets, pour l'achat et la livraison des armes et munitions, au fur et à mesure de leur exécution, ainsi, que des reçus de toute nature qui leur auront été remis, afin de pouvoir relever les erreurs qui auraient pu se glisser par mégarde, dans le calcul de la différence entre le prix d'achat et le prix de vente.

Art. 7. — Dans le cas où la livraison des fusils et des cartouches ne s'effectuerait que par fractions successives, suivant l'accord intervenu, et après la signature des connaissements, MM. Fauré Le Page et Smeets *devant, aussitôt après avoir encaissé les sommes versées par l'ambassadeur hellénique, s'acquitter envers* MM. *Pascalis* et *Rhodostamos*, dans les *conditions* et dans la *forme prévues par les articles trois* et *quatre précités.*

Art. 8. — De leur côté MM. Pascalis et Rhodostamos s'engagent à reconnaître par une moitié les frais d'emballage, de camionnage et de transport, ainsi que les quelques petits pourboires qui pourraient être payés.

Art. 9. — MM. Pascalis et Rhodostamos seront aussi dispensés de *fournir* aucune somme *d'argent pour cautionnements déposés* à *l'ambassade hellénique*, ou dans les bureaux de toute autre autorité. Les armes et munitions étant livrées et agréées par la commission, les vendeurs n'auront plus à encourir aucune responsabilité.

MM. Pascalis et Rhodostamos auront à supporter la *moitié des intérêts* que MM. Fauré Le Page et Smeets auront à payer s'ils sont obligés de faire un emprunt pour contracter cette affaire. Il est entendu que, dans aucun cas, cet intérêt ne pourra *dépasser 6 pour cent l'an.*

Art. 10. — Enfin MM. Fauré Le Page et Smeets s'engagent vis-à-vis de MM. Pascalis et Rhodostamos, à traiter avec eux et aux mêmes conditions pour toutes les fournitures que ceux-ci leur procureraient avec la même ambassade, comme aussi à ne céder à qui que ce soit les opérations entreprises sans le consentement formel et préalable par écrit de MM. Pascalis et Rhodostamos.

Art. 11. — Dans le cas où les opérations qui font l'objet de la présente convention, ne pourraient être traitées avec l'ambassade hellénique, ou tout autre chargé dans le contrat, pour le compte du gouvernement grec, ladite convention sera nulle de plein droit et chacun des signataires se trouvera entièrement dégagé vis-à-vis des autres.

Fait à Paris en quatre expéditions, signées par tous les contractants et dont une expédition a été remise à chacun d'eux.

Signé: H. Fauré Le Page.　　　　*Signé:* C. Pascalis.
　　　　G. Smeets.　　　　　　　　　　　　P. Rhodostamos.

Enregistré à Paris, le 10 février 1881.
Folio 42, case 1re.
Reçu : trois francs, décimes : soixante-quinze centimes.

DOCUMENT N° 2

Paris, le 27 janvier 1881.

Contrat entre la Commission hellénique et MM. Fauré Le Page et Smeets.

Entre les soussignés :

La commission hellénique composée de MM. Poniropoulos, colonel président; Sehos, chef de bataillon du génie agissant au nom du gouvernement hellénique en vertu de l'ordre du ministre de la guerre n° 63 et l'autorisation du ministre de Grèce à Paris, M. Braïlas Armeni, d'une part; et MM. Fauré Le Page, négociant, armurier, demeurant à Paris, rue Richelieu, 8, et Gustave Smeets, négociant en armes, demeurant à Paris, rue Rochechouart, 9;

D'autre part, il a été convenu et arrêté ce qui suit :

1° MM. Fauré Le Page et G. Smeets s'engagent par le présent traité à fournir et à livrer au gouvernement hellénique cinquante mille fusils d'infanterie Chassepots provenant directement des directions d'artillerie françaises, complets, en bon état de service et rééprouvés dans les manufactures de l'Etat avec sabre-baïonnette et fourreau, convenablement emballés et rendus par steamer franco au Pirée, au prix de quatorze francs cinquante centimes l'un, y compris l'assurance jusqu'au Pirée, soit sept cent vingt-cinq mille francs (fr. 725,000).

2° Vingt-cinq millions de cartouches pour lesdits fusils de fabrication française et provenant directement des directions d'artillerie françaises convenablement emballées et rendues franco au Pirée, au prix de trente-trois francs cinquante centimes le mille, y compris aussi l'assurance jusqu'au Pirée, soit huit cent-trente-sept mille cinq cents francs. Total, un million cinq cent-soixante-deux mille cinq cents francs (1,562,500 fr.).

3° Les fournisseurs s'engagent à livrer lesdits fusils et cartouches au Pirée dans les trente à quarante jours qui suivront la signature du présent contrat, sauf les cas de force majeure dûment constatés.

4° Les susdits fournisseurs s'engagent à communiquer à la commission militaire hellénique les traités d'achat, les reçus de paiements et toutes les preuves et autres pièces afférentes à cette opération pour prouver à ladite commission que les fusils et les cartouches faisant l'objet du présent contrat proviennent directement et exclusivement des directions de l'artillerie française et par des marchés faits après la signature du présent contrat entre les fournisseurs et les directions de l'artillerie française compétentes.

5° Les fusils doivent bien fonctionner, ne pas être rouillés, et avant d'être emballés seront graissés. Ils seront convenablement emballés et par vingt-quatre au maximum dans des caisses solides en bois et de manière à se bien conserver pendant le transport et ne subir aucune altération. Les cartouches seront emballées dans des caisses ou barils, comme elles se trouvent dans les dépôts d'artillerie, et à condition que leur emballage soit convenable pour un long transport.

6° La commission militaire hellénique aura le droit de prendre toutes les mesures qu'elle jugera convenables pour s'assurer que tous les fusils et munitions faisant l'objet du présent contrat sortent directement et exclusivement des directions d'artillerie françaises et sont dans les conditions prescrites par le présent traité.

7° MM. Fauré Le Page et Smeets verseront un cautionnement de dix pour cent sur le prix du marché soit cent cinquante-six mille deux cent cinquante francs, en garantie de sa pleine et entière exécution. Cette somme ne leur sera remboursée que au fur et à mesure de l'embarquement et sur la vue des connaissements constatant l'embarquement au Pirée des marchandises faisant l'objet du présent contrat et à la condition que cet embarquement ait eu lieu assez à temps pour que les marchandises puissent arriver au Pirée dans le délai convenu.

8° Conformément à la loi hellénique les fournisseurs paieront un pour cent sur la valeur totale en faveur de la caisse d'épargne de l'armée de terre hellénique. En outre, une retenue de un demi pour cent sera faite en faveur de la même caisse d'épargne.

9° S'il y a retard dans la livraison, les fournisseurs subiront pour deux semaines de retard une retenue de dix pour cent sur la valeur des objets qui n'auront pas été livrés dans le délai fixé, si ce retard provient de la faute des vendeurs. Le montant de cette retenue sera imputé au débit des fournisseurs et au profit du Trésor hellénique, sauf les cas de force majeure dûment constatés. Si ce retard dépasse quatre semaines ou si les fournisseurs ne se conforment pas aux conditions de ce contrat, ce qui sera constaté par la commission militaire hellénique, le ministre de Grèce à Paris sera en droit de prononcer la résiliation immédiate du contrat ou d'exiger la continuation de la fourniture avec les conditions et les obligations des fournisseurs ci-dessus mentionnés.

10° Pour le cas où le gouvernement français interdirait l'exportation des armes et munitions faisant l'objet du présent traité, en destination de la Grèce, les armes et munitions seraient alors dirigées par Anvers, pourvu que le gouvernement belge n'en prohibe également la sortie. Dans ce dernier cas, les armes et munitions resteraient à la disposition du gouvernement grec, emmagasinées par les soins des vendeurs qui devront tenir compte du frêt et de l'assurance des marchandises non embarquées. Les frais qui pourraient résulter de cet emmagasinage et de l'assurance de la marchandise seraient supportés par le gouvernement hellénique. Si, pendant le transport des marchandises, l'interdiction du gouvernement français imposait la destination d'Anvers, le gouvernement hellénique devrait tenir compte aux vendeurs du supplément de dépenses que motiverait cette nouvelle destination, les vendeurs devront justifier de cette plus-value.

11° Pour le paiement des armes et munitions, Son Excellence le Ministre représentant le gouvernement hellénique s'engage à verser dans la banque de M. Rodocanachi le montant de la somme qui doit revenir aux vendeurs pour l'exécution de ce contrat. Le dépositaire des fonds s'engagera envers MM. Fauré Le Page et Smeets à leur payer directement en espèces ayant cours légal en France la somme qui leur sera due au fur et à mesure des livraisons sur la vue des pièces justifiant la provenance des objets, l'embarquement et l'assurance soit des armes soit des munitions.

Dans le cas où le gouvernement français mettrait en vente une plus grande quantité de cartouches que les vingt-cinq millions mentionnés, MM. Fauré Le Page et Smeets s'engagent à fournir le supplément jusqu'à concurrence de cinquante millions aux mêmes prix et conditions dans le cas où le gouvernement hellénique le leur demanderait.

Si dans les quarante-huit heures qui suivront la signature du présent contrat, MM. Fauré Le Page et Smeets n'ont pas versé le cautionnement de garantie dans une banque à Paris, le présent contrat sera annulé sans aucune formalité, ni indemnité de part et d'autre.

Fait à Paris en quatre parties, le vingt-sept janvier mil huit cent quatre-vingt-un.

<table>
<tr><td align="center">Signé :
Fauré le Page,
G. Smeets.</td><td align="center">Signé :
Poniropoulos, colonel.
Séhos, commandant de génie.</td></tr>
</table>

Approuvé le 27 janvier 1881.

Le Ministre de Grèce en France,
Signé : Braïlas Armeni.

DOCUMENT N° 3

MINISTÈRES DE LA GUERRE ET DES FINANCES.

AVIS AU PUBLIC.

Le public est prévenu que les lots d'armes et de munitions, mentionnés dans l'état ci-contre, sont en vente dans les arsenaux.

Les ventes ont lieu par les soins des commissions instituées auprès des directeurs d'artillerie pour l'aliénation des armes et des munitions hors modèle, et conformément aux dispositions énoncées dans le cahier des charges du 6 juillet 1875.

Paris, le 1er novembre 1880.

DIRECTIONS D'ARTILLERIE.	CARTOUCHES FRANÇAISES modèle 1866.
Douai..	10,000,000
Lyon	3,000,000
Toulon..	5,000,000
Vincennes..	7,000,000
	25,000,000

Nota. — Suivant les dépêches de M. Smeets.

ÉTAT

DES ARMES ET DES MUNITIONS MISES EN VENTE DANS LES ARSENAUX.

1ᵉʳ novembre 1880.

Feuille rectificative.

N. B. — Les indications de la présente feuille doivent être substituées à celles de l'état établi le 1ᵉʳ novembre 1880, en ce qui concerne les fusils, modèle 1866, provenant d'achats faits dans le commerce et rééprouvés dans les manufactures de l'Etat (séries U, V, X), les cartouches pour carabines Remington ou Spencer et les cartouches pour fusils Remington espagnol, Berdan et Peabody, calibre dit de 0ᵖ,44.

Paris le 18 novembre 1880.

DIRECTIONS D'ARTILLERIE.	FUSILS MODÈLE 1866 provenant d'achats faits dans le commerce et rééprouvés dans les manufactures (Séries U, V, X).
Besançon	2,369
Bourges	3,240
Douai	9,047
Grenoble	7,746
Le Havre	3,799
Lyon	4,708
Toulon	798
Toulouse	7,740
Versailles	5,385
Vincennes	5,990
	50,792

NOTA. — Suivant les dépèches de M. Smeets.

DOCUMENT N° 4

TÉLÉGRAMMES.

Pour Douai, de Paris, 18,318. — Mots, 22.

Dépôt, le 29 janvier, 10 h. 30 m.

Colonel directeur artillerie, Douai.

Offre 12 francs pour 9,047 fusils Chassepot, dix millions cartouches 25 francs. Prière télégraphier, réponse est payée.

SMEETS.

Pour copie conforme,
Le receveur.

Pour Toulouse, de Paris, 18,418. — Mots, 17.

Dépôt, le 29 janvier, 10 h. 30 m.

Colonel directeur artillerie, Toulouse.

Offre pour 7,740 fusils Chassepot, 12 francs. Prière télégraphier, réponse est payée.

SMEETS.

Pour copie conforme,
Le receveur.

Pour Bourges, de Paris, 18,518. — Mots, 17.

Dépôt, le 29 janvier, 10 h. 30 m.

Colonel directeur artillerie, Bourges.

Offre 12 francs pour 3,240 fusils Chassepot. Prière télégraphier, réponse est payée.

SMEETS.

Pour copie conforme,
Le receveur.

Pour Grenoble, de Paris, 18,610. — Mots, 17.

Dépôt, le 29 janvier, 10 h. 30 m.

Colonel directeur artillerie, Grenoble.

Offre 12 francs pour 7,716 fusils Chassepot. Prière télégraphier, réponse est payée,

SMEETS.

Pour copie conforme,
Le receveur.

———

Pour Besançon, de Paris, 18,218. — Mots, 17.

Dépôt, le 29 janvier, 10 h. 30 m.

Colonel directeur artillerie, Besançon.

Offre 12 francs pour 2,369 fusils Chassepot. Prière télégraphier, réponse est payée.

SMEETS.

Pour copie conforme,
Le receveur.

———

Pour le Havre, de Paris, 18,118. — Mots, 17.

Dépôt, le 29 janvier, 10 h. 30 m.

Colonel directeur artillerie, le Havre.

Offre pour 3,799 fusils Chassepot, 12 francs. Prière télégraphier, réponse est payée.

SMEETS.

Pour copie conforme,
Le receveur.

———

Pour Lyon, de Paris, 18,018. — Mots, 22.

Dépôt, le 29 janvier, 10 h. 30 m.

Colonel directeur artillerie, Lyon.

Offre pour 4,708 fusils Chassepot, 12 francs; trois millions cartouches, 25 francs. Prière télégraphier, réponse est payée.

SMEETS.

Pour copie conforme,
Le receveur.

———

Pour Toulon, de Paris, 17,718. — Mots, 22.

Dépôt, le 29 janvier, 10 h. 30 m.

Colonel directeur artillerie, Toulon.

Offre 12 francs pour 798 fusils Chassepot; 25 francs, cinq millions cartouches. Prière télégraphier, réponse est payée.

SMEETS.

Pour copie conforme,
Le receveur.

Pour Versailles, de Paris, 17,818. — Mots, 17.

Dépôt, le 29 janvier, 10 h. 30 m.

Colonel directeur artillerie, Versailles.

Offre 12 francs pour 5,385 fusils Chassepot. Prière télégraphier, réponse est payée.

SMEETS.

Pour copie conforme,
Le receveur.

Pour Vincennes, de Paris, 17,918. — Mots, 22.

Dépôt, le 29 janvier, 10 h. 30 m.

Colonel directeur artillerie, Vincennes.

Offre pour 5,990 fusils Chassepot, 12 francs; sept millions cartouches, 25 francs. Prière télégraphier, réponse est payée.

SMEETS.

Pour copie conforme,
Le receveur.

DOCUMENT N° 5

DIRECTION
D'ARTILLERIE
de Douai.
—
Le Colonel.
—
N° 739.

Douai, le 7 février 1881.

Monsieur,

En réponse à votre lettre du 4 février courant, j'ai l'honneur de vous faire connaître que les 10,000,000 cartouches à balle modèle 1866, mises en vente, ont été vendues.

Recevez, Monsieur, l'assurance de ma considération distinguée.

Pour le Colonel directeur d'artillerie,
Président de la Commission des ventes d'armes et de munitions hors modèle, empêché :

Le chef d'escadron sous-directeur,
Signé : RAVAU.

A M. P. Rhodostamos, *à Paris.*

ARTILLERIE.
—
DIRECTION
de Grenoble.
—
N° 252.

Grenoble, le 8 février 1881.

Monsieur,

J'ai l'honneur de vous faire connaître, en réponse à votre lettre du 4 février courant, que les 7,716 fusils modèle 1866, série U, V et X, en vente à la direction de Grenoble, sont aliénés par un marché du 3 février courant.

Les autres renseignements demandés paraissent avoir un certain *caractère privé que je ne crois pas pouvoir vous donner.*

Recevez mes salutations distinguées.

Le colonel directeur,
Signé : PIERRE.

A M. Rhodostamos, *à Paris.*

DOCUMENT N° 6

MINISTÈRE DE LA GUERRE.

INSTRUCTION

POUR L'EXÉCUTION DU DÉCRET DU 14 NOVEMBRE 1872 RELATIF A LA MISE EN VENTE DES ARMES ET DES MUNITIONS HORS MODÈLE.

1. — Le décret de M. le président de la République, en date du 14 novembre, prescrivant la mise en vente d'armes et de munitions de guerre qui ne peuvent être utilisées pour l'armement des troupes, et le cahier des charges qui règle l'exécution de ce décret doivent être interprétés largement et dans la préoccupation constante de concilier l'intérêt du Trésor *avec la nécessité non moins importante* de débarrasser les magasins d'un matériel de guerre inutile.

2. — Dans ce but, une grande latitude est laissée aux commissions, dans la conviction qu'étant sur les lieux, elles connaîtront mieux les besoins du commerce et que, débarrassées de beaucoup de formalités administratives, il leur sera plus facile de satisfaire, en temps opportun, aux demandes qui pourraient leur être adressées, et qui souvent naissent de besoins imprévus, auxquels il y a tout intérêt à pouvoir donner satisfaction immédiatement...

5. — Les commissions conservent la faculté de fixer les prix *minima* des armes et munitions ; mais, pour que ces diverses commissions ne se fassent pas les unes aux autres une concurrence qui serait nuisible aux intérêts du Trésor, elles doivent partir d'une base commune d'évaluation et, dans ce but, DES INSTRUCTIONS CONFIDENTIELLES LEUR SERONT PROCHAINEMENT ADRESSÉES PAR LE MINISTRE DE LA GUERRE.

8. — Dans le cas où une première adjudication ne donnerait que des résultats peu importants, les ventes d'armes seront continuées par de petites adjudications successives, dont les époques seront fixées par les commissions, et enfin *par des ventes de gré à gré*.

16. — Afin de ne laisser aucun doute aux commissions, elles considéreront comme étant en vente :

Albini. — Carabines de cavalerie.

Fusils : long, court et transformé.

Allen (ancien Springfield transformé).

Berdan transformé.

Gallagher (carabine de cavalerie).
Joslyn (*idem*).
Liedner.
Major Forbery.
Milbank.
Amsler.
Peabody.
Remington.
Robert.
Sharp.
Smith (carabine de cavalerie).
Wilson.
Divers.
Armes à percussion : Enfield. — Espagnol. — Suisse. — Tower. — Divers.

17. — Sont également mises en vente les cartouches ci-après :
Carabines Miller. — Sharp, etc.

Le Ministre des finances,   *Le Ministre de la guerre,*
Léon Say.   E. de Cissey.

DOCUMENT N° 7

EXTRAITS DE DIVERS JOURNAUX.

Paris, le 22 février 1881.

Moniteur universel du 22 février :
Suite et non pas fin de l'*histoire* des *trente mille fusils*. On lit dans le *Figaro :*

Le 17 février courant, vingt-six wagons de cartouches, à destination de « commerce », arrivaient en gare au Havre. Le destinataire, invité à en prendre livraison déclara n'être pas en mesure de le faire, attendu que les navires dont les cartouches devaient constituer le principal chargement, n'étaient pas encore arrivés.

On en référa au colonel d'artillerie, qui refusa de laisser entrer ce dangereux chargement dans les dépôts. Il en résulta que la Chambre de commerce du Havre s'émut et fit évacuer les wagons en question sur une ligne voisine non encore achevée.

L'expéditeur des cartouches est, dit-on, M. Helbronner et Cᵉ, demeurant à Paris, 27, rue Joubert, et figurant au Bottin sous cette rubrique: *Equipements militaires.*

Rien d'invraisemblable, par conséquent, à ce qu'il s'agisse simplement d'une affaire toute commerciale. Mais ici viennent se placer certains on-dit, d'une gravité telle que, non seulement nous les répétons sous les plus expresses réserves, mais encore nous ne nous décidons à les formuler que sous la forme interrogative.

Donc : 1° Est-il vrai que les vingt-six wagons de cartouches en question proviennent de la direction de l'artillerie de Vincennes, et que ces cartouches sont sorties des forts voisins : fort de Noisy, fort de Charenton, etc., etc. ?

2° Est-il vrai que l'autorisation de transport donnée par la Préfecture de la Seine l'a été en vue de la *destination de la Grèce*?

En tout cas, les munitions en question sont parties de la gare de Charonne. Il y a eu quatre départs : 15, 16, 17 et 18 février courant. En présence des réclamations de la Chambre de commerce du Havre, MM. Helbronner et Cᵉ, prévenus, ont sollicité du préfet de Rouen l'autorisation d'évacuer les cartouches sur Dunkerque, D'OU ELLES PARTIRAIENT SUR UN NAVIRE TOUT PRÊT.

Les choses en sont là, ou du moins en étaient là le 19.

Nous le répétons : nous voulons croire, nous croyons qu'il n'y a en tout cela qu'une simple opération commerciale, absolument indépendante de toute ingérance politique extérieure. Mais, même dans ce cas, la coïncidence d'une semblable opération avec l'affaire des 30,000 fusils dénoncée hier à la tribune de la Chambre, est frappante et singulière.

C'est à ce titre seul que nous avons résumé les détails qu'on vient de lire.

Un dernier mot : le port du Havre n'est pas celui où l'on embarque d'ordinaire des marchandises à destination de Grèce. Mais, d'autre part, vingt-six wagons de cartouches à cette destination ne se seraient pas transbordés à Marseille sans quelque indiscrétion. Si donc, il est vrai que le visa de transport ait été donné par la Préfecture de la Seine à *destination de la Grèce*, il faudrait en conclure que le port du Havre aurait été choisi précisément pour empêcher ces indiscrétions.

Ce que, étant donnée une opération purement commerciale, on ne s'explique guère.

Le fait demande explication. C'est encore une interpellation sur la planche.

Moniteur universel du 22 février :
Extrait de la *Journée financière* :

Il est vrai que la publication par le *Blue Book* anglais de deux dépêches établissant que le gouvernement français avait promis, l'année dernière, au gouvernement grec de lui livrer 30,000 fusils, a causé une impression défavorable. La Bourse, en s'appuyant sur l'opinion publique dont elle représente d'ailleurs une fraction assez notable, a cru pouvoir entasser hausse sur hausse parce qu'elle se croit sûre des sentiments essentiellement pacifiques du pays ; elle a donc été désagréablement surprise d'apprendre qu'il était possible, même en République, de dédaigner le *Vox populi* et de lancer la nation contre son gré dans des aventures belliqueuses.

Moniteur universel du 28 février :

Notre correspondant de Grenoble nous télégraphiait, le 23 février à midi, que des caisses contenant **sept mille chassepots**, vendus à raison de 12 fr. 50 la pièce à la maison Hellbronner, avaient été descendues du fort Rabot et **expédiées à Toulon**.

L'information était exacte. D'après les bruits qui circulent, et que nous croyons fondés, l'interpellation de M. Devès à la Chambre des députés n'aurait eu pour résultat que d'arrêter l'expédition des fusils à destination de la Grèce par les ports du Havre et de Dunkerque; mais aucune mesure n'avait été prise à ce moment même pour arrêter les expéditions par **le port de Marseille**. On ajoute que des ordres dans ce sens auraient été donnés seulement à la suite de l'interpellation de M. le duc de Broglie.

Extrait du *Pays* du 4 mars :

Le *Petit Parisien* constate que le marché Hellbronner, relatif aux 30,000 fusils cédés par le gouvernement français à la Grèce, est résilié à l'amiable.

Le gouvernement, dit-il, remboursera les frais qui s'élèvent à une somme considérable.

Allons, la main à la poche, contribuables !

Encore une fois, il faut payer les sottises de vos ministres !

Ce n'est pas la première fois que la France paie les sottises des républicains qui nous gouvernent, et ce ne sera malheureusement pas la dernière.

M. Ferry, entre autres, a déjà coûté cher aux contribuables, qui n'ont pas oublié l'incapacité monumentale dont il a fait preuve pendant le siège de Paris.

Extrait du *Journal officiel* du 6 mars :

M. Clémenceau. — Je vous ai montré qu'en ce qui concerne votre poudre de guerre, le cas était absolument différent.

M. le Président du Conseil.—Les deux cas sont absolument identiques : ce sont des chassepots qui nous appartenaient, comme ce sont des poudres qui nous appartiennent. Nous avons vendu les poudres à un Autrichien.

M. Clémenceau.—A qui ?

M. le Président du Conseil. — Nous les avons vendues à un Autrichien, M. Roth, et à personne autre.

M. Clémenceau.—Vous les avez vendues aux Grecs. Nous sommes ici pour nous expliquer et non pour recourir à des subterfuges plus ou moins subtils. (Exclamations à gauche et au centre).

Je suis allé trouver M. le ministre de la guerre, je lui ai exposé ma question, et il m'a dit : Je n'essayerai pas une minute de prétendre que nous ayons ignoré que cette poudre était pour les Grecs.

M. le Ministre de la guerre, *se levant.*—Moi, je vous ai dit cela ?

M. Clémenceau.—Oui, Monsieur le ministre.

M. le Ministre.—Ah! non, par exemple.

M. Clémenceau.—Monsieur le ministre, il faut donc que j'aie bien mal compris votre réponse. Il ne me faut pas moins que votre dénégation formelle pour que je croie avoir mal compris.

M. le Ministre de la guerre. — *Il me suffirait de vous montrer les lettres qui me demandaient ces poudres, pour vous prouver que j'ignorais absolument leur destination.* (Mouvements divers).

M. Clémenceau.—Votre affirmation me suffit; mais je retombe alors,—si vous voulez me permettre cette expression, — sur l'argumentation de M. le président du conseil. (Interruptions).

M. LE PRÉSIDENT. — J'invite la Chambre au silence.

M. CLÉMENCEAU.—Dois-je conclure des paroles de M. le ministre de la guerre qu'il n'a jamais cru jusqu'à ces derniers temps que les poudres vendues par lui à la maison Roth fussent destinées aux Grecs ? (Nouvelles interruptions).

M. LE MINISTRE DE LA GUERRE. — Comment ? Que dites-vous ?

M. CLÉMENCEAU. — Je prends la liberté de vous adresser une question et je cherche à savoir comment j'ai pu commettre une aussi complète erreur. (Exclamations sur divers bancs).

M. LE MINISTRE DE LA GUERRE.—*Lorsqu'il a été question de cette affaire, il y a trois jours, je crois vous avoir dit que j'ignorais absolument, lorsque la demande a été faite, que les poudres fussent destinées aux Grecs.*

M. CLÉMENCEAU.—Permettez-moi de vous affirmer à mon tour que vous ne me l'avez pas dit. (Rumeurs).

M. LE MINISTRE DE LA GUERRE. — JE N'AFFIRME PAS ABSOLUMENT, MAIS JE CROIS BIEN QU'IL EN A ÉTÉ AINSI (Mouvements divers).

M. CLÉMENCEAU. — VOUS NE ME L'AVEZ PAS DIT.

Extrait de l'*Evénement* du 7 mars :

Nous croyons savoir que l'affaire des trente mille fusils vient de motiver une circulaire du Ministre de la guerre aux directeurs des arsenaux, pour leur prescrire de dresser sans délai un état général de toutes les armes de guerre qui sont dans nos établissements.

Paris. — Imprimerie de L. BAUDOIN et Cᵉ, rue Christine, 2.

www.ingramcontent.com/pod-product-compliance
Lightning Source LLC
Chambersburg PA
CBHW071429030726
47594CB00006B/2642